Über dieses Buch

»Die 'Fast Märchen, fast Geschichten', die Reiner Kunze so ganz ohne ersichtliche Mühe lebendig werden läßt in einer Sprache, deren kraftvolle Einfachheit vom mündlichen Erzählen und von der Umgangssprache herkommt, sind für Kinder voller Wärme und Heiterkeit, für Erwachsene voller Schwermut. Die Welt Kunzescher Kinderdichtung ist keine Idylle, sie kennt die Bedrohung, an die jegliches Besondere gebunden ist und der nur mit Mut, List und einer gewissen Bereitschaft zur Anpassung zu begegnen, zu entkommen ist. 'Doch wer groß ist, der wird gesehen', heißt es über den essenden und somit wachsenden Löwen Leopold, und schon stellt der herbeigeeilte Wachtmeister fest: 'Der ist viel zu groß.' Zaubern ist verboten, 'weil einer, der zaubert, mächtiger ist als die Polizei.'
Leser von Reiner Kunzes Lyrik würden ihn um vieler seiner Gedichte willen nicht mehr aus den Augen verlieren; nun werden alle jungen und erwachsenen Leser, die ein Gespür für das Dichterische im Kinderbuch besitzen, hinzukommen. Der Deutsche Jugendbuchpreis 1971 hätte keinen Besseren auszeichnen können«.

Süddeutsche Zeitung

Der Autor

Reiner Kunze wurde 1933 in Oelsnitz/Erzgebirge geboren. Nach dem Studium (Philosophie und Journalistik) vier Jahre wissenschaftlicher Assistent mit Lehrauftrag an der Universität Leipzig. Nach Auseinandersetzungen mit der Universitätsbehörde Abbruch der wissenschaftlichen Laufbahn, Hilfsarbeiter im Schwermaschinenbau. Später freier wissenschaftlicher Mitarbeiter der Deutschen Akademie der Künste, Berlin. Lebt als freischaffender Schriftsteller in Greiz. 1968 Preis des Tschechoslowakischen Schriftstellerverbandes für Nachdichtungen. Von Reiner Kunze liegen vor: »Sensible Wege«, Gedichte, S. Fischer, Frankfurt 1969 (Buch des Monats Juni 1969); »Zimmerlautstärke«, Gedichte, S. Fischer, Frankfurt 1972; »Brief mit blauem Siegel«, Gedichte, Reclam, Leipzig 1974

Reiner Kunze ....

Der Löwe Leopold

Fast Märchen, fast Geschichten

Fischer
Taschenbuch
Verlag

Den Löwen auf dem Umschlag zeichnete Marcela

Fischer Taschenbuch Verlag
Dezember 1974
Erweiterte Ausgabe

Umschlagentwurf: Jan Buchholz/Reni Hinsch

Fischer Taschenbuch Verlag GmbH, Frankfurt am Main
Lizenzausgabe mit freundlicher Genehmigung
des S. Fischer Verlages GmbH, Frankfurt am Main

Gesamtherstellung: Hanseatische Druckanstalt GmbH, Hamburg
Printed in Germany
ISBN 3 436 02007 9

Für Marcela, diesen Plagegeist

Nicht daß Ihr denkt, dieses Buch sei nur für Marcela geschrieben worden und nicht auch für Euch. Doch wenn es Marcela nicht gäbe, dann gäbe es auch dieses Buch nicht. Als sie klein war, hielt sie mich gern am Hosenbein fest und sagte: »Bitte, bitte, erzähl mir ein Märchen!« Ich erzählte ihr alle Märchen, die ich gehört oder gelesen hatte, und als ich keine mehr wußte, mußte ich mir Märchen ausdenken. Als sie größer geworden war, sagte sie: »Bitte, erzähl mir etwas Lustiges!« Und wenn mir nichts Lustiges einfiel, sagte sie: »Dann eben etwas Schönes!« Ich erzählte ihr alles Lustige und Schöne, was ich kannte, und als ich alles erzählt hatte, mußte ich mir Lustiges und Schönes ausdenken. Und dann kam eine Zeit, da sagte sie: »Bitte, erzähl mir etwas Spannendes!« Also erzählte ich ihr alles Spannende, was ich erlebt, gehört oder gelesen hatte, und als ich nichts mehr wußte, mußte ich mir Spannendes ausdenken.

Eines Tages entdeckte Marcela, daß ich ein Buch schrieb. »Schreibst du das Buch für mich?« fragte sie.

»Nein«, sagte ich, »für Erwachsene.«

»Und warum nicht für mich?«

»Weil du das, was ich schreibe, noch nicht

verstehen kannst.«
»Und warum nicht?«
»Weil du ein Pfefferkuchen bist.«
»Nimm das zurück!«
Ich wollte keinen Streit, nahm es zurück und erklärte ihr, daß es ein Buch für Erwachsene werden solle, weil die Dinge, über die ich schriebe, nur von Erwachsenen in Ordnung gebracht werden könnten und nicht von Kindern.
»Du meinst wohl die Straßen?« fragte sie.
»Wie kommst du auf Straßen?«
»Na, du sagst doch immer, daß sie in Ordnung gebracht werden müssen.«
Sie dachte an die Schlaglöcher, und der Einfall gefiel mir. Straßen machen es möglich, daß Menschen sich besuchen, damit sie mit eigenen Augen sehen können, wie der andere lebt, ob er Kinder liebhat und was für Bilder er malt, und damit sie abends beisammensitzen und Märchen erzählen können; denn das ist das Beste, wenn man einander kennenlernen will. Die Straßen sind sogar besonders wichtig: Mit der Eisenbahn kann man nicht in jedes Dorf fahren, weil nicht jedes Dorf einen Bahnhof hat, eine Straße oder ein Weg aber führen in jeden Winkel der Welt, wo Menschen wohnen. Und so sagte ich Marcela, ja, sie solle sich vorstellen, es sei ein Buch über Straßen und

Wege, auf denen die Menschen nur sehr schwer oder überhaupt nicht mehr zueinander fahren oder gehen können, und da Marcela in den großen Ferien immer zu den Großeltern in die Tschechoslowakei fährt und weiß, wie wichtig tadellose Straßen sind, versprach sie, still zu sein und nicht zu stören. Sie fragte nur noch: »Und wenn du fertig bist, schreibst du dann ein Buch für mich?« Versprechen konnte ich es ihr nicht. »Ich habe noch nie ein Buch für Kinder geschrieben«, sagte ich. »Ich weiß gar nicht, ob ich das kann . . .« – »Na klar!« sagte sie, und das war nett von ihr, denn sie wollte mich ermutigen.
Später erkundigte sie sich manchmal, ob ich mit dem Buch für sie bald beginnen würde, doch in letzter Zeit fragt sie nicht mehr, obwohl sie noch genausogern liest wie früher, auch Märchen, am liebsten solche, die lustig und spannend zugleich sind. Ich glaube, sie fragt deshalb nicht mehr, weil es noch immer so viele Schlaglöcher gibt, daß wir sonntags mit dem Fahrrad Kurven fahren müssen wie der Clown im Zirkus. Sie denkt vielleicht, ich werde nie Zeit haben, für Kinder zu schreiben, und ist traurig.
Traurig aber soll sie nicht sein.
Nun wißt Ihr, weshalb es dieses Buch ohne Marcela nicht gäbe.

Der Löwe Leopold

Leopold war ein Spielzeuglöwe, der auf einem Brettchen mit vier Rädern stand, und Nele, ein kleines Mädchen mit kurzen Zöpfen, zog ihn an der Schnur hinter sich her.

An einem Sonnentag spielte Nele mit dem Löwen Karussell: Sie hielt die Schnur in der Hand, drehte sich im Kreis, und der Löwe schwebte mit dem Kopf nach unten durch die Luft. Doch die Schnur entglitt ihr, und sie konnte eben noch sehen, wie der Löwe aufs Garagendach fiel. Nele weinte nicht. Sie lief auch nicht zu ihrer Mutter oder bat den Nachbarn, der im Hof Holz hackte, ihr den Löwen vom Dach zu holen. Sie ließ ihn liegen und vergaß ihn.

Das war so ihre Art: Wo ihr ein Spielzeug aus der Hand fiel, dort ließ sie es liegen, und im nächsten Augenblick hatte sie es vergessen. Bald lag auf der Kellertreppe ihre Kasperpuppe, bald im Bäckerladen ihre Sandschaufel, und ihr großer blauer Ball, der im Geäst eines Baumes hängengeblieben war, fiel eines Morgens auf einen vorüberbrausenden Lastwagen und wurde nie mehr gesehen.

Diesmal aber geschah etwas, wovon später niemand recht sagen konnte, wie es geschehen war. Auf dem Garagendach herrschte eine Hitze wie in Afrika, die Sonne brannte und brannte, und da spürte der Löwe Leopold, wie sich seine Tatzen vom Brettchen ablösten: zuerst die linke Vordertatze, dann die rechte, und als er sie bewegen konnte, stand er auch schon auf allen vieren und war mit einem Satz auf der Erde.

Er lief dreimal um die Garage, aber er fand Nele nicht. Vielleicht hat ihre Mutter sie zum Milchmann geschickt, überlegte er und machte sich auf den Weg zum Milchgeschäft, wohin ihn Nele manchmal mitgenommen hatte. Er blieb nirgends stehen, damit nicht jemand denken konnte, Nele hätte ihn vergessen. Er wollte nicht wieder in eine Bodenkammer eingesperrt werden, denn da war es einmal schrecklich langweilig gewesen. Da hatte er neben einer eingerollten Fahne gelegen, die nicht mehr wehen sollte. Doch Nele war weder im Milchgeschäft, noch beim Bäcker, noch auf dem Sandplatz, und so ging Leopold nach Haus, stellte sich vor der Wohnungstür auf die Vordertatzen und drückte mit der Schwanzspitze auf den Klingelknopf.

Nele staunte, als sie Leopold vor der Tür stehen sah, aber dann sagte sie: »Na, komm herein«, denn wenn man spielt, ist es ja dasselbe, ob einem ein Spielzeuglöwe nachgelaufen ist oder ob man sich nur denkt, er sei einem nachgelaufen. Neles Mutter sagte: »Bei deinem Löwen fehlt ja das Brettchen.« Nele antwortete: »Das stört ihn doch beim Gehen.« Neles Vater aber sagte: »Wenn er gehen kann, muß er auch gefüttert werden, wer geht, bekommt Hunger.« Und Neles Vater mußte es wissen, denn er war Briefträger. Leopold hatte aus Neles Hand immer nur gedachtes Gras gefressen, weil Nele der Meinung gewesen war, Löwen fräßen Gras. Nun bekam er ein richtiges Abendbrot, und als Spielzeuglöwen schmeckten ihm Makkaroni mit Schinken ebensogut wie Vanillepudding mit Himbeersaft. Auf einem kleinen Gutenachtspaziergang erzählte dann der Vater Nele etwas von den Löwen in Afrika, und vor dem Einschlafen berichtete sie Leopold, der in der Spielzeugkiste lag und die Ohren spitzte, was sie sich davon gemerkt hatte. »Die Löwen, die kein Spielzeug sind, aber auch lebendig«, sagte sie, »die leben in der Steppe. Zwischen einem hohen Berg und einem großen See ... Du denkst vielleicht, die fressen die Steppe, weil die aus Gras ist, aber die Löwen fressen Gnus ... Ein Gnu ist eine wilde Kuh. Die ist aber sehr wild, sage ich dir, da hätte ich Angst ... Oder manchmal fressen sie ein Zebra. Aber niemand kocht es ihnen ... Und dann sind sie sehr stark. Sie nehmen ein Kalb ins Maul und springen über einen Zaun...« Und schon im Halbschlaf sagte Nele: »Bin ich froh, daß du ein Spielzeuglöwe bist!«

2

Doch wer gefüttert wird, der wächst. Anfangs wuchs Leopold so viel, daß außer ihm noch der Teddy in der Spielzeugkiste Platz fand, dann so viel, daß nur er noch in der Spielzeugkiste Platz fand, und schließlich so viel, daß er eine Kiste brauchte, die dreieinhalbmal so groß sein mußte wie die Spielzeugkiste, wenn auch der Schwanz mit hineinpassen sollte.

Eines Tages nahm sich Leopold Nele als Spielzeug, und da es ein Sonnentag war, faßte er sie mit den Zähnen am Schürzenband, sprang mit ihr aufs Garagendach, setzte sie dort ab und verschwand.

Vor Schreck kamen ihr nicht einmal Tränen. Sie riskierte einen Blick über den Dachrand nach unten, aber sie schreckte gleich wieder zurück: War das tief! Sie rührte sich nicht von der Stelle und hielt es für das klügste zu tun, als spielten sie Verstecken. »Leopold, kannst kommen!« rief sie.

Leopold lag sprungbereit im Garagentor, um Nele auffangen zu können, falls sie vom Dach fallen sollte, aber er zeigte sich nicht.

»Hol mich sofort vom Dach, Leopold!«
Er dachte nicht daran.
»Na warte! Ich zähle bis drei. Wenn du mich dann nicht vom Dach geholt hast, bekommst du heute abend Leber mit Blumenkohl!«
Leber und Blumenkohl aß Nele nicht gern, und sie dachte, was ihr nicht schmeckt, würde auch Leopold nicht schmecken.
Leopold aber leckte sich die Lippen, so gern aß er Leber mit Blumenkohl. Er ließ Nele bis drei zählen und blieb versteckt.
Das Dach war schwarz und langweilig. Nele sagte: »Ich habe nur Spaß gemacht, Leopold. Du bekommst keine Leber mit Blumenkohl. Dafür gebe ich dir meine Heidelbeeren mit Milch.« Heidelbeeren mit Milch aß sie am liebsten.
Leopold war enttäuscht, daß er keine Leber mit Blumenkohl bekommen sollte. Heidelbeeren mit Milch lockten ihn nicht.
Die Sonne brannte und brannte, und Nele spürte, wie die nackten Fersen und die Handballen am heißen weichen Dachteer festzukleben begannen. Sie blickte sich hilfesuchend um und entdeckte das Brettchen mit den Rädern und der Schnur, von dem Leopold abgegangen war. Da bekam sie plötzlich Angst, er könnte sie vergessen haben, wie sie ihn vergessen hatte, und zwei Tränenbäche

stürzten über ihre Wangen. »Ich laß dich nie, nie mehr auf dem Dach liegen, Leopold«, sagte sie schluchzend, so, als ob er nicht schon selbst vom Dach springen könnte. »Und aufräumen will ich auch!« Das sagte sie, weil es in ihrem Zimmer immer aussah, als wäre ein Wirbelsturm zwischen die Spielsachen gefahren, so daß ihre Mutter oft zanken mußte. »Und ... und ich will ...« Aber Nele fiel vor lauter gutem Willen nichts ein, was sie noch hätte versprechen können.

Mit einem Satz war Leopold auf dem Dach, und mit einem zweiten trug er Nele wieder auf die Erde, wo sie ihn umarmte und einen tiefen Seufzer der Erleichterung ausstieß.

Neles Mutter, die vom Einkaufen gekommen war, hatte gehört, was für ein Versprechen Nele Leopold gegeben hatte, und am Abend sah sie nach, ob Nele es gehalten hatte. Die Puppe saß im Puppenwagen, die Bausteine lagen im Baukasten, der neue Ball hing im Ballnetz am Nagel, und der Kasper schaute hinter dem Vorhang des Kaspertheaters hervor. Da freute sich die Mutter und sagte zum Vater: »Seit Leopold groß ist, bessert sich Nele.«

3

Doch wer groß ist, der wird gesehen. Eines Nachmittags, als Neles Vater eben den Regen von der Briefträgermütze geschüttelt und sie an den Haken gehängt hatte, stand Wachtmeister Scharf vor der Tür und sagte: »Sie haben einen Löwen versteckt. Leugnen ist zwecklos, ich weiß alles.«
»Wieso versteckt?« fragte Neles Vater. »Wenn es nicht regnet, ist er immer auf dem Hof.«
»Sie geben also zu, daß Sie einen Löwen haben?!« Die Augen des Wachtmeisters blitzten.
Neles Mutter, die zur Tür gekommen war, sagte: »Leopold ist doch ein Spielzeuglöwe . . .«
»Der aber wie ein Löwe aussieht«, sagte der Wachtmeister.
»Dachten Sie, ein Spielzeuglöwe sieht aus wie ein Kaninchen?« fragte Neles Vater, der sich gern auf die Couch legen wollte, denn seine Briefträgertasche war wieder einmal sehr schwer gewesen.
Wachtmeister Scharf hatte es aber nicht eilig. »Wie kam es denn dann, daß Ihr Leopold zu wachsen begann, wenn er ein Spielzeuglöwe ist?« fragte er.
»Wir haben ihn gefüttert.«
»Und warum haben Sie ihn gefüttert?«

»Weil er Hunger hatte.«
»Und warum hatte er Hunger?«
»Weil er umhergelaufen war.«
»Und warum war er umhergelaufen?«
»Na – weil er plötzlich hatte gehen können.« Neles Vater wußte nicht, wie er es anders erklären sollte.
Der Wachtmeister kniff ein Auge zusammen, als werde er gleich etwas ganz Wichtiges aufdecken. »So – weil er plötzlich hatte gehen können«, wiederholte er. »Und warum hatte er plötzlich gehen können?«
»Er hatte in der Sonne gelegen, ganz einfach«, sagte Neles Vater.
»In der Sonne! Was Sie nicht sagen!« Wachtmeister Scharfs Stimme wurde scharf. Er sagte, er müßte Leopold sofort amtlich besichtigen. Doch als er ihn sah, trat er schnell einen Schritt zurück und Neles Vater auf den Fuß. Die Füße sind aber bei einem Briefträger mit das Wichtigste.
»Der ist viel zu groß!« beanstandete der Wachtmeister und drehte sich um. »Der muß sofort eingesperrt werden. Am besten in die Bodenkammer!«
Nele hatte mit Leopold ›Mensch ärgere dich nicht!‹ gespielt, und ihm war es recht gewesen, denn sie hatte für ihn mit gewürfelt und gesetzt. Daß er in die Bodenkammer sollte, war ihm gar nicht recht. Er dachte sofort an die Fahne, die

nicht mehr wehen sollte, und an die schreckliche Langeweile. – Ich werde ihm zeigen, wie schön ich spielen kann, sagte sich Leopold, dann wird er sehen, daß ich ein Spielzeuglöwe bin. Und da der Wachtmeister in seiner bunten Uniform fast wie eine von Neles Kasperpuppen aussah, packte ihn Leopold vorsichtig am Hosenboden und zog ihn mit sanftem Ruck in die Spielzeugkiste.
Wachtmeister Scharf griff zur Revolvertasche, erstarrte aber, als Leopold ihm ins Gesicht sah: Der Löwe lachte. Das war unheimlich. Ein Löwe, der lachen konnte!
Nele nahm Leopold sofort bei der Mähne, und die Eltern, die sehr erschrocken waren, halfen Wachtmeister Scharf aus der Spielzeugkiste. Als sie die Tür zum Kinderzimmer von außen geschlossen hatten, lehnte sich der Wachtmeister mit dem Rücken dagegen und sagte: »Der kann ja lachen! Das ist Zauberei.«
»Na und?« fragte Neles Vater.
Der Wachtmeister war entsetzt. »Zaubern ist verboten! Streng!!«
»Auch wenn's zu etwas Gutem führt?«
»Auch wenn's zu etwas Gutem führt!«
»Und warum?«
»Weil einer, der zaubert, mächtiger ist als die Polizei. Und das ist das Schlimmste, was passieren kann!«

Neles Vater war anderer Meinung. Wenn jemand Gutes zaubert, kann er tausendmal mächtiger sein als die Polizei, denn dann geht's die Polizei nichts an. Sie müßte höchstens aufpassen, daß niemand dem Zauberer den Zauberstab wegnimmt. »Entschuldigen Sie, Leopold hat's nicht bös gemeint. Er hat mit Ihnen spielen wollen«, sagte Neles Mutter.

»Mit der Polizei spielt man nicht«, entgegnete der Wachtmeister streng und fragte: »Wo hat der Löwe in der Sonne gelegen?«

Im Hof ließ er sich eine Leiter bringen, erkundigte sich, auf seinen Hosenboden zeigend, ob er da ein Loch habe, und als Neles Vater ihm versichert hatte, die Hose wäre heil, stieg er aufs Garagendach. Außer einem Brettchen mit vier Rädern und einer Schnur, das er nicht weiter beachtete, fand er nichts Verdächtiges. Vorsichtshalber schlich er noch um die Garage und ließ sie sich aufsperren. Dann ging er zurück ins Haus, wo ihn Neles Vater einlud, im Wohnzimmer Platz zu nehmen, denn er wollte Leopolds Betragen wiedergutmachen.

»Damit Sie's wissen«, sagte der Wachtmeister »der Löwe muß ins Gefängnis. Er hat mich angesprungen, und außerdem ist er Zauberer!«

Da der Wachtmeister aber Angst hatte vor Leopold und nicht wußte, wie er ihn abführen sollte, sagte er: »Es sei denn, Sie bringen ihn umgehend weit weg, damit er keinen Schaden stiften kann.«

»Dann müßte er nicht ins Gefängnis?« fragte Neles Vater.

»Weil Sie Briefträger sind – ausnahmsweise nicht!«

»Aber er richtet doch auch hier keinen Schaden an, im Gegenteil«, sagte Neles Mutter.

»Er könnte aber Schaden anrichten, das genügt!« Der Ton des Wachtmeisters ließ keinen Zweifel daran, daß es zwecklos war, ihm noch weiter zu widersprechen.

Als Nele hörte, daß sie sich von Leopold trennen sollte, weinte sie, wie sie noch nie geweint hatte. Jetzt, nachdem sie sich einen Tag ohne ihn schon nicht mehr vorstellen konnte!

Doch Wachtmeister Scharf blieb unerbittlich. Er duldete in seinem Revier niemanden, der stärker war als er.

»Dann aber nur in den Zirkus!« sagte Nele zwischen zwei Schluchzern.

»In den Zirkus? Das ist eine Idee!« Der Vater faßte Nele bei den Armen. »Im Zirkus kann er durch den Reifen springen, und viele Kinder – zweihundert oder eine Million – werden sich über ihn freuen!«

»Und er darf nie, nie, nie in einen Käfig gesperrt

werden!« sagte Nele.
Wachtmeister Scharf hatte nichts dagegen, Hauptsache, daß Leopold aus seinem Polizeirevier verschwand!
Doch weil er gern selbst auf diesen guten Einfall gekommen wäre, ließ er sich noch ein wenig bitten.
Leopold fraß am Abend keinen Bissen, so traurig war er. Aber im Zirkus würde er wenigstens Zirkus spielen können, und das war besser, als in der Bodenkammer eingesperrt zu sein oder im Gefängnis zu sitzen, wo ein Wachtmeister ihn an Neles Kasperpuppen erinnern und nicht mit sich spielen lassen würde. Und im Zirkus würde ihn Nele besuchen können!
Am nächsten Tag, als Nele und ihre Eltern Leopold zum Zirkus brachten, hing an der Anschlagtafel des Polizeireviers ein Zettel, auf dem zu lesen stand:
Achtung! Achtung!
Zauberer oder Hexe gesucht!
Augenfarbe: unbekannt.
Schuhgröße: unbekannt.
Alter: wahrscheinlich zwischen 18 und 1000 Jahren oder viel älter.
Woran sie sonst noch zu erkennen sind: können einen Spielzeuglöwen verwandeln, so daß er wächst.

Wer sie sieht, soll sofort zu mir kommen!!!
Scharf
Wachtmeister

4

Doch die Zauberin, die Leopold in einen lebendigen Spielzeuglöwen verwandelt hatte, ist die mächtigste Zauberin der Welt – zum Glück für die Menschen und alles Leben auf der Erde, zum Glück vor allem für den Frühling! Die Polizei braucht nicht einmal achtzugeben, daß ihr nicht jemand den Zauberstab stiehlt, denn sie hat unendlich viele, und wenn sie zaubert, zaubert sie mit Millionen Zauberstäben zugleich. Deshalb gab sie sich auch keine besondere Mühe, den Zettel wegzuzaubern, sondern berührte ihn nur ab und zu mit einem ihrer Zauberstäbe, und das Papier vergilbte und die Schrift verblaßte.
Dann, eines frühen Morgens, kam ein Mann mit Leimtopf und Papierrollen, strich mit einer breiten Leimbürste über den vergilbten Zettel und klebte ein großes buntes Plakat darüber, auf dem zu lesen stand:

Welterfolg!
Leopold – der lebendige Spielzeuglöwe!
Vorführung in unvergitterter Manege!

Wer in der ersten Vorstellung in der ersten Reihe saß und die Nacht vorher kaum geschlafen hatte, braucht nicht gesagt zu werden. Gesagt sei nur, daß Neles Vater am Vortag die Briefe nicht in die Hausbriefkästen steckte, sondern sie mit den Worten »Der Zirkus mit unserem Leopold kommt!« persönlich aushändigte. Auch braucht nicht gesagt zu werden, wie das Wiedersehen ausfiel, das Nele und Leopold nach der Vorstellung feierten. Es genügt zu wissen, daß ihm Nele ins Ohr flüsterte: »Ich will nie mehr traurig sein, weil du beim Zirkus bist.« Sie hatte das Lachen und den stürmischen Beifall der Zuschauer gehört und hatte es Leopold an der Schwanzspitze angesehen, daß er glücklich war. Und Neles Vater hatte gesagt: »Ich wünschte, viele Menschen sähen Leopold. Wer lacht, verliert nicht so leicht den Mut.«

Eine von Leopolds berühmtesten Nummern aber war: Er steht im großen Manegenkäfig, und der Dompteur knallt mit der Peitsche und befiehlt ihm, sich auf den Hintertatzen aufzurichten. Leopold schüttelt den Kopf. Der Dompteur knallt mit der Peitsche und befiehlt ihm, sich auf den Schemel zu setzen. Leopold schüttelt den Kopf. Der Dompteur knallt mit der Peitsche und befiehlt ihm, durch den Reifen zu springen. Leopold schüttelt den

Kopf. Der Dompteur läßt die Peitsche aus dem Käfig schaffen, und das Spiel beginnt von vorn: Er befiehlt, und Leopold schüttelt den Kopf. Der Dompteur läßt die Käfiggitter aus der Manege schaffen, und das Spiel beginnt zum dritten Mal: Er befiehlt, und Leopold schüttelt den Kopf. Der Dompteur geht zu ihm, um ihn zu streicheln. Doch Leopold läuft ihm unter den Händen weg. Zornig stampft der Dompteur mit dem Fuß auf und verläßt selbst die Manege. »Hallo, Leopold, mein Freund!« ruft in diesem Augenblick der Clown Pepo, stolpert über den Laufsteg und umarmt Leopold. »Wollen wir Zirkus spielen?« Da richtet sich Leopold auf den Hintertatzen auf, setzt sich auf den Schemel, springt durch den Reifen und – lacht.

Der Drachen Jakob

Im Briefkasten, der, wenn er kein Briefkasten gewesen wäre, einen Schnauzbart getragen hätte

In einem alten Briefkasten, der, wenn er kein Briefkasten gewesen wäre, einen Schnauzbart getragen hätte, unterhielten sich die Briefe und Postkarten, während sie aufs Postauto warteten. Die meisten von ihnen waren aufgeregt, denn sie gingen auf eine weite Reise. Eine Karte ging zwar nur von Oberzieselwitz nach Unterzieselwitz und würde auf dem Zieselwitzer Postamt in die Tasche des Unterzieselwitzer Briefträgers gesteckt werden. Aber da waren auch Briefe nach Berlin und Frankfurt am Main, die mit dem Schnellzug fahren würden, und eine Ansichtskarte, auf der das Gasthaus ›Zur Ziesel‹ abgebildet war, ging nach Birmingham/Alabama, das ist in Amerika, und sie würde nicht nur mit dem Postauto und dem Schnellzug fahren, sondern auch mit dem Flugzeug fliegen, vielleicht sogar mit einem Düsenflugzeug. Keiner von ihnen konnte sich recht vorstellen, wie alles sein würde, außer einer Antwortpostkarte, die sich auf dem Rückweg befand. Eine Antwortpostkarte hat es nämlich gut, sie darf zweimal verreisen. Auf ihrer ersten Reise ist sie an einer Postkarte angeheftet, auf der eine

Frage steht, zum Beispiel: »Ist es wahr, daß es in der Wüste Spechte gibt?« Postkarte und Antwortpostkarte reisen gemeinsam zu einem Professor, der die Frage liest, sich hinterm Ohr kratzt und die Antwort auf die Antwortpostkarte schreibt: »Ja, es ist wahr, daß es in der Wüste Spechte gibt. Sie nisten im Saguaro-Kaktus.« Dann trennt er die beiden Karten auseinander und schickt die Antwortpostkarte zurück an denjenigen, der ihm die Frage gestellt hat. Das ist ihre zweite Reise.

Die Briefe und Karten, die gemeinsam mit der Antwortpostkarte aufs Postauto warteten, ließen sich natürlich die Gelegenheit nicht entgehen, sie auszufragen; denn sie war ja schon auf einem richtigen Postamt gewesen. Ein Brief, den ein Zeitungsreporter geschrieben hatte, fragte: »Was war auf Ihrer ersten Reise Ihr größtes Erlebnis?«

»Die Rolltreppen«, antwortete die Antwortpostkarte. »In einem großen Postamt gibt es Rolltreppen wie in einem großen Kaufhaus. Selbstverständlich nur für Briefe, Karten, Päckchen und Pakete, nicht für Kinder. Jede Rolltreppe führt in einen Postsack, die eine in den Postsack nach Zieselwitz, die andere in den Postsack nach England, je nachdem. Sollten Sie sich mit einer Postkarte angefreundet haben, dann verabschieden Sie sich nur rechtzeitig, sonst blicken Sie sich um und können nur noch winken, weil sie schon eine Rolltreppe hinunterfährt. Aber das ist schön, sage ich Ihnen, Rolltreppenfahren!«

»Tut das Stempeln weh?« fragte ein kleiner Brief.

Wie es ist, wenn man gestempelt wird, konnte die Antwortpostkarte allerdings nicht wissen, denn ihre Briefmarke war noch nicht gestempelt. Auf ihrer ersten Reise hatte die Postkarte für sie mit bezahlt, an die sie geheftet gewesen war. »Stempeln geht blitzschnell«, sagte sie. »Und wenn's ein bißchen weh tun sollte, muß die Briefmarke die Zähne zusammenbeißen.«

Antwortpostkarten möchten zwar manchmal auch etwas fragen, aber man läßt ihnen meist keine Zeit dazu. Deshalb wandte sich die Antwortpostkarte eilig an einen Brief, der nach Veilchen duftete.

»Verzeihen Sie, kommen Sie aus einer Blumenhandlung?«

»Nein«, antwortete der Brief, »aber ich bin französisch geschrieben. Französisch duftet nach Veilchen.«

Plötzlich hielten alle Briefe und Karten den Atem an: In den Briefkasten fiel ein Drachen. Er war so groß wie eine Postkarte, hatte weiße Glanzpapieraugen mit schwarzen Pupillen,

einen roten Mund und blaue Papierquasten als Ohren. Ihm folgte raschelnd sein Schwanz, der aus einem Bindfaden mit eingeknüpften Seidenpapierstreifen bestand. Schließlich zwängte sich noch eine blaurotgrüngelbe Seidenpapierbummel durch den Briefkastenschlitz, die sich aufbauschte, als sei sie nicht das Schwanzende, sondern der Schwanzanfang. Der Drachen lachte, als ob er sich freue, daß noch nicht geleert worden sei, und sagte: »Guten Tag, ich bin der Drachen Jakob.«
»Hatschi!« platzte eine Postkarte heraus. »Was haben Sie denn da, das kitzelt ja so schrecklich!« Und sie nieste zum zweitenmal.
»Ach, entschuldigen Sie«, sagte der Drachen, »das ist mein Schwanz. Ich nehme ihn gleich zur Seite.«
»Ich glaube, Sie sind hier falsch«, brummte ein dicker Doppelbrief, »das ist ein Briefkasten.«
»Ich habe eine Briefmarke«, erwiderte der Drachen, »und eine Anschrift: Bad Gesundungen, Kindersanatorium 'Windrad', Zimmer 'Gänseblümchen'. Und außerdem habe ich es furchtbar eilig, weil ich zu Daniel muß. Er hat nämlich Geburtstag und ist krank. Er bekommt immer so schlecht Luft.«
»Ach so, dann lasse ich Ihnen selbstverständlich den Vortritt«, sagte der Doppelbrief. »Aber was machen Sie mit Ihrem Schwanz? Wenn er sich

nun einklemmt, zum Beispiel auf den Rolltreppen?«
»Wir kommen über Rolltreppen?«
»Wissen Sie das nicht?«
»Du meine Güte!« sagte der Drachen. »Daran hat Daniels Vater bestimmt nicht gedacht.« Aber schon begannen alle Briefe und Karten, ihm Ratschläge zu erteilen, worauf er achten solle und was er ja nicht tun dürfe, damit er nicht eine der Quasten verlöre, denn wie sähe das aus, wenn er ankäme und nur noch ein Ohr hätte, und der Drachen erfuhr alles, was die Antwortpostkarte erzählt hatte, ja, der kleine Brief sagte sogar: »Und haben Sie nur keine Angst vor dem Stempeln, Herr Drachen Jakob, das geht nämlich blitzschnell!«
»Ruhe!« rief in diesem Augenblick der Briefkasten mit dröhnender Stimme, denn er sah von weitem das Postauto kommen. Für ihn war das Postauto ein fahrender Briefkasten, und ein Briefkasten, der fuhr, hatte mehr zu sagen als ein Briefkasten, der nicht fuhr, und deshalb hatte Ruhe zu herrschen, sobald das Postauto um die Ecke bog. Ein Glück, daß der Briefkasten nicht an einer Kaserne hing, denn als Kasernenbriefkasten hätte er bestimmt gebrüllt:
»Aachtunggg! Briefe und Karten der Größe nach antreten, maaarsch!« Und die Briefe und

Karten hätten sich in Reih und Glied aufstellen müssen, so, wie es die Feldwebel gern sehen, in schnurgerader Linie – und dann hätte der Drachenschwanz hervorgeschaut mit der blaurotgrüngelben Bummel, denn ein Drachenschwanz kann ja nicht der Größe nach antreten ... Doch der alte Briefkasten war kein Feldwebel, sondern ein Beamter, und das ist ein kleiner Unterschied.
So konnte der Doppelbrief dem Drachen noch zuflüstern: »Treten Sie zurück, damit Sie obenauf zu liegen kommen! Auf dem Postamt werden Sie dann als erster gestempelt und können schnellstens weiterreisen!«
Und da rasselte auch schon der Schlüssel im Briefkasten, und die Karten und Briefe sanken in die Tiefe der Postabholertasche.

Auf dem Postamt Zieselwitz an der Ziesel

Auf dem Postamt Zieselwitz an der Ziesel, denn so heißt die genaue Postanschrift, weil es auch ein Zieselwitz gibt, das nicht an der Ziesel liegt (die Ziesel ist ein Bach, den Waldi, der Dackel des Zieselwitzer Försters, ohne Anlauf überspringen kann), auf dem Postamt Zieselwitz an der Ziesel also wartete auf die Briefe und Karten Unterpostmann Anton Schreck, auch

Stempel-Schreck genannt, doch das durfte man ihn nicht hören lassen, sonst fühlte er sich gekränkt. Er war nämlich ein Künstler unter den Briefestemplern. Wenn auf einem Brief die Marken im Kreis aufgeklebt waren wie ein Kranz von Blütenblättern, stempelte sie Anton Schreck, daß die Stempel wie Tauperlen aussahen, und hatte ein Kind einen bunten Fisch aufs Kuvert gemalt, der nach der Briefmarke schnappt, setzte Anton Schreck den Stempel wie eine Luftblase. Bei Trauerkarten mit schwarzem Rand aber hauchte er den Stempel über die Briefmarke, daß man ihn für einen Heiligenschein oder für den Schein einer Kerze halten konnte. Hätte Anton Schreck nicht Anton Schreck, sondern Anton Wunder geheißen, und hätte man ihn Stempel-Wunder genannt, wäre das nicht übertrieben gewesen, und dann hätte er sich natürlich ebensowenig gekränkt gefühlt, wie er sich gekränkt fühlte, wenn ihm sein zweiter Spitzname zu Ohren kam, der ›Doktor‹ hieß. Mitunter mußte Anton Schreck auch sehr schnell stempeln, damit alle Briefe und Karten rechtzeitig fertig wurden, und dann sagte er bei jedem Brief, auf den er den Stempel niedersausen ließ: »Geimpft!« was sich, wenn er richtig in Fahrt war, so anhörte: »Geimpftimpftimpftimpftimpft...« Und wenn er einen neuen Stapel begann, rief er

ungeduldig: »Der nächste bitte!« Dieses schnelle Stempeln hatte Anton Schreck aber gar nicht gern, weil alle Kunst, auch die des Briefestempelns, viel Zeit braucht.
Nachdem an diesem Morgen die Postabholertasche auf dem Stempeltisch ausgeleert worden war, rührte Anton Schreck den Stempel jedoch nicht an, sondern rieb sich die Augen, weil er glaubte, er sähe schlecht. Dann eilte er zu Postmann Schnupfer an den Schalter, wo er ins Stottern geriet. »Dididie hat einen Schwanz!«
»Wer hat einen Schwanz?«
»Dididie Postkarte.«
Postmann Schnupfer hatte längere Zeit in Berlin gelebt, und damit die Zieselwitzer nicht vergaßen, daß er aus der Hauptstadt kam, sprach er ab und zu Berlinerisch. »Ham wohl zu ville jeimpft, Kolleje Schreck, dat wa schon Postkarten mit Schwänzen sehn, wa?« Als sich Postmann Schnupfer aber mit eigenen Augen überzeugt und außer dem Schwanz auch noch Ohren entdeckt hatte, eilte er ins Amtszimmer von Oberpostmann Blasebalg.
Oberpostmann Blasebalg war der Direktor des Postamtes Zieselwitz an der Ziesel, der sich, wenn er in Zorn geriet, auch aufblies wie ein Blasebalg, und zwar wie einer, der die Luft nicht mehr hergeben will. Zu Postmann Schnupfer sagte er: »Hauchen Sie mich mal

an!« Er dachte, Postmann Schnupfer habe heimlich Bier getrunken, weil er Postkarten mit Schwänzen und Ohren sah. Doch bald sah auch Oberpostmann Blasebalg die Ohren und den Schwanz und sagte: »Das ist ja noch schlimmer! Das ist ja ein Drachen!« Er las laut die Anschrift, den Absender und die Worte: *Zum Geburtstag.* »Eine Briefmarke hat er ja«, sagte er, »aber auch abstehende Ohren, die i[illegible] größer machen, als eine Postkarte sein darf!«
»Soll ich die Ohren abschneiden?« fragte Postmann Schnupfer und langte nach einer großen Schere.
»Das Beschädigen von Postsendungen ist verboten, daß müßten Sie wissen!« tadelte ihn Oberpostmann Blasebalg, wobei er sich gleich ein bißchen aufblies. Dann betrachtete er alle eingeknüpften Seidenpapierstreifen und die Bummel und sagte: »Auch für den Schwanz fehlt die Briefmarke!«
»Soll ich dreifaches Strafporto erheben – für den Schwanz und für jedes Ohr extra?« fragte Postmann Schnupfer.
Da wandte sich Unterpostmann Schreck direkt an Oberpostmann Blasebalg. »Der Empfänger ist ein kleiner Junge, der die Strafe bestimmt nicht bezahlen kann, und dann könnte ihm der Drachen nicht ausgehändigt werden.«
»Stimmt, Schreck!« sagte Oberpostmann Blase-

balg. »Der Drachen geht zurück an den Absender.«
»Dann käme er aber doch nicht zum Geburtstag zurecht«, wagte Anton Schreck einzuwenden. Oberpostmann Blasebalg blickte ihn erstaunt an. »Stimmt auch, Schreck!« Er verfügte, der Drachen solle vorläufig auf dem Postamt bleiben. Er, Oberpostmann Blasebalg, werde mit dem Hauptpostmann telefonieren und ihn fragen, ob man den Drachen ausnahmsweise weitersenden dürfe, obwohl für Ohren und Schwanz keine Briefmarken vorhanden seien. Der Hauptpostmann sagte jedoch, das sei eine sehr schwierige Frage, da müsse er erst mit dem Oberhauptpostmann telefonieren, und der Oberhauptpostmann sagte, das sei eine sehr, sehr schwierige Frage, da müsse er erst mit dem Postminister telefonieren. Doch weil der Postminister frühstückte, mußte der Oberhauptpostmann auf die Antwort des Postministers warten, der Hauptpostmann auf die Antwort des Oberhauptpostmannes, Oberpostmann Blasebalg auf die Antwort des Hauptpostmannes, Postmann Schnupfer auf die Antwort von Oberpostmann Blasebalg und Unterpostmann Schreck auf die Antwort von Postmann Schnupfer. Anton Schreck hatte aber inzwischen alle Briefe und Karten gestempelt und erzählte Frau Maiskübel, die im Postamt saubermachte und

gerade den Fußboden bohnerte, von dem kleinen kranken Jungen, dessen Postkartendrachen noch auf dem Postamt bleiben müsse, weil für die Ohren und den Schwanz die Briefmarken fehlten. Dabei habe der Junge Geburtstag.

»Wissen Sie was«, sagte Frau Maiskübel, »wir kleben die fehlenden Marken einfach dazu!«

»Das geht nicht«, entgegnete Anton Schreck, »die muß doch jemand bezahlen.«

»An meinem Tisch werden drei Kinder satt«, sagte Frau Maiskübel, »und wo drei Kinder satt werden, kommt auch ein viertes zu seinen Briefmarken! Kleben Sie die Marken auf, ich schenke sie dem kranken Jungen!«

»Sie? Ja, dann ... dann schenken wir sie ihm gemeinsam!« Anton Schreck hätte Frau Maiskübel beinahe auf die Schulter geklopft, so gefiel ihm der Vorschlag. Er suchte die schönsten Briefmarken aus und zauberte Stempel, die aussahen wie echte Drachenschuppen. Frau Maiskübel sagte: »Drehen Sie sich mal weg, Kollege Schreck!« hob ihr Kleid hoch, nahm eine Sicherheitsnadel aus dem Unterrock und steckte mit ihr die Bummel am Drachen fest. »So«, sagte sie, »nun kann ihm niemand aus Versehen auf den Schwanz treten.« Zur Belohnung durfte sie persönlich den Drachen in den Postsack legen, den Anton

Schreck sofort verschnürte und zum Postauto trug, das schon gehupt hatte.
Hinterher kamen Anton Schreck freilich Bedenken. Er hatte gegen die Anordnung von Oberpostmann Blasebalg gehandelt, den Drachen vorerst nicht weiterzusenden. Was, wenn Oberpostmann Blasebalg sagen würde: »Geben Sie mir den silbernen Stern wieder, den Sie an Ihrer Uniform tragen, Schreck! Sie sind nicht mehr Unterpostmann, sondern nur noch Hilfspostmann!«? Dann würde er keine Briefe mehr stempeln dürfen, was er am liebsten tat. Er hätte längst Postmann sein können, aber er wollte Unterpostmann bleiben, weil der Unterpostmann die Briefe stempelte... Und dann könnte er mit seiner Frau nicht mehr zweimal im Monat ins Kino gehen, sondern nur noch einmal, weil er als Hilfspostmann weniger Geld verdienen würde. – Schließlich aber sagte sich Anton Schreck: Es ist für einen kranken Jungen, und wenn man eine Tat getan hat, muß man auch dafür einstehen, basta!
Der Postsack mit dem Drachen war schon über eine Stunde unterwegs, als Oberpostmann Blasebalg Postmann Schnupfer und Unterpostmann Schreck zu sich bat. Oberpostmann Blasebalg erhob sich aus seinem Ledersessel und sagte feierlich: »Ich teile Ihnen hierdurch mit, daß der Herr Minister persönlich die Er-

laubnis erteilt hat, den Drachen ausnahmsweise mit Ohren und Schwanz weiterzusenden, da für einen kranken Jungen.«

Anton Schreck fiel ihm vor Freude ins Wort: »Der Drachen ist schon unterwegs, Herr Oberpostmann!«

»Waaas?!« Oberpostmann Blasebalg begann sich aufzublasen, daß in Unterpostmann Schreck der Schreck fuhr. »Sie haben gegen meine Anordnung verstoßen?«

»Dededer Herr Minister hat's doch erlaubt«, sagte Anton Schreck und geriet wie immer, wenn er sehr erregt war, ins Stottern.

»Aber Sie haben nicht wissen können, daß er es erlauben würde, Schreck!«

Oberpostmann Blasebalg kam in Atemnot, weil schon keine Luft mehr in ihn hineinpaßte.

»Ich habe den Drachen in den Postsack gesteckt«, sagte Frau Maiskübel, die Oberpostmann Blasebalg hatte schreien hören und unbemerkt eingetreten war. »Ich sage Ihnen aber gleich, Herr Oberpostmann, wenn Sie mich auch so anschreien wie den Kollegen Schreck, mache ich ab morgen in der Sparkasse sauber, die suchen dringend eine Reinigungsfrau.«

Oberpostmann Blasebalg hatte eben losdonnern wollen: »Waaas – Sie haben sich an einer Postsendung vergriffen?!« doch als er hörte, daß

Frau Maiskübel zur Sparkasse gehen und dort saubermachen würde, beherrschte er sich. Allein der Gedanke, daß auf seinem Schreibtisch kein Staub gewischt sein könnte – vom übrigen Postamt ganz zu schweigen, denn Reinigungsfrauen gab es sehr, sehr wenige, und tüchtige Reinigungsfrauen wie Frau Maiskübel noch weniger –, dieser Gedanke veranlaßte ihn, einen Teil Luft wieder auszuatmen.
»Daß Sie das nie wieder tun, Frau Maiskübel!« sagte er. »Post ist Post, und Bohnerwachs ist Bohnerwachs! . . . Sie haben es getan, weil Sie ein gütiges Mutterherz haben, ich will ein Auge zudrücken. Aber wenn Sie das noch ein einziges Mal tun . . .«
»Wir haben für die Ohren und den Schwanz Briefmarken aufgeklebt«, sagte Anton Schreck. »Frau Maiskübel und ich, wir schenken sie dem kranken Jungen zum Geburtstag.«
»Und außerdem haben wir den Schwanz hochgebunden«, sagte Frau Maiskübel.
»Wie? Warum haben Sie denn das nicht gleich gesagt?« Oberpostmann Blasebalg ließ noch mehr Luft durch die Nase entweichen, brummte, auf der Post müsse schließlich Ordnung herrschen, das werde auch Frau Maiskübel verstehen, und erklärte die Besprechung als beendet.
»Sehen Sie, der Minister hätte nicht anders

gehandelt als Sie!« sagte im Treppenhaus Frau Maiskübel laut zu Anton Schreck, so daß es auch Postmann Schnupfer hören konnte. Anton Schreck drückte ihr die Hand. »Und Sie sind ein guter Mensch, Frau Maiskübel!« An der Tür zum Stempelzimmer sagte er: »Wissen Sie, was ich miterleben möchte? Wie der Briefträger dem kleinen Jungen den Drachen bringt.«

Der Briefträger von Bad Gesundungen oder Mit Luftpost

Der Briefträger von Bad Gesundungen packte in seine Briefträgertasche einen Bogen lila Ölpapier, zwei Holzleisten, eine Tube Alleskleber, eine Drachenschnurrolle, die mindestens vierzig Jahre alt war, denn mit ihr hatte er als Junge Drachen steigen lassen, eine Schere, einen dünnen Holzbohrer, einen Hammer, ein Döschen kleiner Nägel und eine Rolle Schusterzwirn. Obenauf legte er den Drachen, und auf ihn die übrige Post, die er schleunigst auszutragen begann. Es war schon spät am Morgen, und die Bad Gesundunger waren verwöhnt: Wenn die Post nicht pünktlich im Kasten steckte, schickten sie die Kinder aufs Postamt

und ließen fragen, ob der Briefträger das Bein gebrochen habe. Er selbst hatte sie so verwöhnt, denn er schwatzte nie, während er Briefe austrug, sondern immer erst hinterher.
Doch bald hatte er die Verspätung aufgeholt, und als alle übrige Post zugestellt war, auch die für das Kindersanatorium ›Windrad‹, zu dem er, weil es im Wald lag, immer zuletzt kam, ließ er sich auf einer Bank nieder, rieb sich vergnügt die Hände und begann, den Postkartendrachen zu vergrößern. Er klebte ihm auf die Rückseite ein großes Windfangpapier mit einem Leistenkreuz, rückte die Ohren weiter nach außen und den Schwanz weiter nach hinten, bohrte zwei Löcher in die Mittelleiste, in denen er einen Anhänger aus Schusterzwirn befestigte, rollte die restlichen neunundneunzigdreiviertel Meter Schusterzwirn auf die Schnurrolle, schlang das Ende mittels einer Schlaufe um den Anhänger und zog fest.
Dann feuchtete er den kleinen Finger an, hielt ihn in die Luft und lief, den Drachen im Schlepp, gegen den Wind auf die Sanatoriumswiese, wo er den Drachen steigen ließ, bis aller Zwirn abgerollt war. Er verankerte die Schnurrolle mit dem einen Griff in der Erde und begab sich – die Mütze geraderückend, denn er befand sich ja noch im Dienst – von neuem zum Pförtner des Sanatoriums.

»Soeben ist noch eine Luftpostsendung eingetroffen«, sagte der Briefträger.
»Wohl für den Herrn Chefarzt?« fragte der Pförtner.
»Nein, für Daniel.«
»Der heute Geburtstag hat? Da wird er sich aber freuen. Ich werde den Brief gleich der Stationsschwester bringen.«
»Er ist doch *Mit Luftpost.*«
»Darf ich ihn dann nicht zur Stationsschwester bringen?«
»Wenn er *Mit Luftpost* ist, ist er doch in der Luft!« Der Pförtner nannte den Briefträger einen Spaßvogel.
»Die Sendung befindet sich wirklich in der Luft«, sagte der Briefträger mit Amtsstimme. Ungläubig lächelnd folgte ihm der Pförtner vor die Tür.

Luft mit der Post

Das Windfangpapier knatterte so, daß der Drachen Jakob das eigene Wort nicht verstanden hätte, wenn ihm ein anderer Drachen begegnet wäre. Also konnte er erst recht kein Wort von dem verstehen, was der Pförtner zum Briefträger sagte, als sie aus dem Sanatorium traten. Der Drachen sah sie nur, und weil er den

Briefträger fabelhaft fand, ebenso fabelhaft wie Frau Maiskübel und Unterpostmann Schreck, flog er ihm eine Sturzflugkurve vor, was nach so vielen Stunden im Postsack einen wahren Drachenspaß bereitete. Doch tat es dem Drachen auch wohl, sich auf den Wind zu legen und die Welt von oben zu betrachten. Wieviel Angst hatte er ausgestanden – vor der Schere des Postmannes Schnupfer, vor der Anordnung des Oberpostmannes Blasebalg, ihn auf dem Postamt Zieselwitz an der Ziesel zu behalten oder gar zurückzusenden, und, wir wollen ehrlich sein, auch vor dem riesengroßen Stempel auf dem Stempeltisch! Von oben betrachtet, wäre der Stempel aber so winzig, daß er gar nicht zu sehen wäre, und selbst Postmann Schnupfer und Oberpostmann Blasebalg wären ganz klein.
Plötzlich kam unten eine bunte Schar Kinder auf die Wiese gelaufen, so daß es aussah, als wenn mit einemmal viele Blumen aufblühten und die Schwestern, die dabeiwaren, Margeriten wären. Die Fenster des Sanatoriums füllten sich mit Kindergesichtern, und der Drachen kam sich vor wie in einer Ausstellung lustiger Bilder, so lachten die Gesichter aus den Rahmen.
Da spürte er, daß er langsam zur Erde geholt wurde. Vor einem Fenster im Erdgeschoß fing

ihn der Briefträger ein, reichte ihn einer Schwester ins Zimmer, und sie hielt die Schnur straff, bis ihn Daniel, der im Bett saß und die mindestens vierzig Jahre alte Drachenschnurrolle in Händen hielt, an seine Brust gerollt hatte. »Mein Jakob! Mein Jakob!« rief er, denn er erkannte den Drachen am Gesicht. Jakob hatte zu Haus über Daniels Bett gehangen. Daniel bestaunte ihn. »Der ist gewachsen und mir nachgeflogen!«

»Bestimmt, weil du Geburtstag hast«, sagte die Schwester.

Daniel wußte einen besseren Grund. »Damit ich ihn mit ins Bett nehmen kann«, sagte er. Für den Drachen Jakob war es der bisher schönste Augenblick.

Als Daniel vor Erschöpfung eingeschlafen war und den Drachen noch immer an einem Ohr festhielt, hörte dieser, wie der Arzt zur Schwester sagte: »Hören Sie, daß Daniel gleich besser atmet? Jetzt träumt er bestimmt vom frischen Herbstwind, der über die Stoppelfelder weht und den Drachen über den Himmel zieht. Das war nicht nur *Luftpost* – das war *Luft mit der Post*!«

Ludwig

Grün sucht Hellblau

»Welche Farbe ist an Ludwigs Kleidung am auffälligsten?« fragte der Polizeihauptmann.

»Hellblau«, sagte Frau Schäfer, die Leiterin des Kinderheims. »Er trägt eine hellblaue Hose mit langen Hosenbeinen und Brustlatz... Das gelbe Trikot sieht man nur an den Schultern.«

Wie jeden Montagmorgen war Ludwig von seiner Mutter ins Kinderheim gebracht worden, hatte sich umgezogen und die saubere Wäsche, die er für diese Woche mitbekommen hatte, in seine Wäschetüte schichten wollen. Ein Junge hatte die Tüte aber unter den Wasserhahn gehalten und vollaufen lassen, bis sie geplatzt war. Seitdem war Ludwig verschwunden, und Frau Schäfer hatte die Polizei benachrichtigen müssen.

»Bitte, beschreiben Sie Ludwig etwas näher«, sagte der Polizeihauptmann.« Wenn wir seine Eigenarten kennen, können wir ihn vielleicht schneller finden.«

»Ludwig ist ein Trödler«, sagte Frau Schäfer. »Er ist immer der Letzte – beim Waschen, beim Anziehen oder beim Essen.«

Der Polizeihauptmann notierte: Nähere Umgebung des K. gründlich absuchen!
»Und Ludwig ist ein Träumer«, sagte Frau Schäfer. »Unlängst rechne ich mit der Gruppe: Ein Würfel und zwei Würfel sind drei Würfel ... Wer blickt zum Fenster hinaus? Ludwig! Ich frage ihn: Woran denkst du denn, Ludwig? Wissen Sie, was er sagt? 'Frau Schäfer', sagt er, 'kann man eine Fliege dressieren?'«
Der Polizeihauptmann blieb ernst, denn er dachte an die Gefahr, in der Ludwig schwebte, und notierte: Straßenkreuzungen!!! Verkehrsposten alarmieren!
»Und dann ist Ludwig so ein Lächler«, sagte Frau Schäfer. »Ich denke mir immer, er denkt sich was.«
Der Polizeihauptmann notierte: Auf Verstecke achten!
»Und Ludwig weiß auch nie, was er will«, sagte Frau Schäfer. »Wenn bei uns ein Kind Geburtstag hat, darf es sich etwas wünschen. Ludwig wünschte sich, in den Zoo zu gehen. Also ging die ganze Gruppe in den Zoo. Was geschieht? Ludwig sieht eine Schnecke, so eine gewöhnliche schwarze Schnecke ohne Haus, wissen Sie ... Er hockt sich hin, tippt ihr an die Fühler, die sie einzieht, und ist nicht mehr wegzubringen. Dabei ist sie nicht ausgestellt, sondern kriecht einfach über den Weg ... Als ich ihn

endlich mit Gewalt zu den Löwen, Affen und Elefanten schleppe, schreit er: 'Die war doch so schön! Die war doch so schön!'... Und seinetwegen sind wir in den Zoo gegangen!«
Der Polizeihauptmann mußte plötzlich – vielleicht, weil die Leiterin des Kinderheims Schäfer hieß – an ein Schaf denken, das ihm im Urlaub aufgefallen war. Es hatte sich immer abseits der Herde gehalten. »Das läßt sich nicht gern schieben«, hatte der Schäfer gesagt, »aber es ist ein sehr treues Schaf.«
Block und Bleistift in die Ledertasche steckend, die er umgehängt hatte, bedankte sich der Polizeihauptmann und sagte: »Falls Ludwig von allein zurückkommen sollte, rufen Sie uns bitte an. Kennwort: Grün sucht Hellblau.«

Ludwig trödelt

Ludwig wohnte in einer Stadt, die neun Rathäuser hatte, so groß war sie. Wenn ihn seine Mutter ins Kinderheim brachte, mußten sie eine Stunde mit der Straßenbahn fahren: über den Fluß, über den Hauptbahnhofvorplatz, auf dem alle Autobusse abfuhren, an der geheimnisvollen Zoo-Mauer entlang und am Kraftwerk vorüber, durch dessen riesigen Schornstein noch oben, wo er am schmalsten war, ein Schnellzug hätte fahren können, wenn einer vom Himmel gekommen wäre. Und wie viele Straßenkreuzungen hatten sie zu überqueren! An jeder drückte Ludwig die Nase gegen die Fensterscheibe, um die Ampelfarbe zu erspähen, und an der Haltestelle ›Kinderheim‹ war seine Nase ganz plattgedrückt. – Ludwig wußte, daß er bei Rot nicht über die Kreuzung gehen durfte, und daß er, wenn er die Straße überqueren wollte, zuerst nach links und auf der Straßenmitte nach rechts blicken mußte. Und doch war ihm meistens bange vor breiten Straßen.

Als er durch die nur angelehnte Tür des Kinderheims geschlüpft war, rannte er schluchzend in eine Nebenstraße. Den Stapel sauberer Wäsche, die er hatte in die Tüte schichten wollen, hielt er mit beiden Armen an sich gepreßt. Auf die Richtung, die er einschlug, achtete er nicht. Er dachte, man müsse vom Kinderheim nur immer weiter weglaufen, dann komme man nach Haus.

Er lief bis zum Postauto, wo seine Tränen versiegten. Postautos hatte er gern. Erstens, weil sie schön gelb waren, und zweitens, weil man mitlaufen konnte, denn fünf Häuser weiter hielten sie von neuem an.

»Deine Mutter ist wohl Waschfrau?« fragte der Paketzusteller und zeigte auf die Wäsche in

Ludwigs Armen.
Ludwig schüttelte den Kopf.
»Lauf nur nicht zu weit weg, sonst sucht sie dich!«
Ludwig schüttelte den Kopf, und beim nächsten Halten stand er wieder neben dem Trittbrett.
»Du möchtest wohl mal mitfahren?« fragte der Paketzusteller. So ein Angebot war Ludwig noch nie gemacht worden. »Aber nur bis zur Ecke, dann machst du kehrt, dann will ich dich hier nicht mehr sehen!«
Der Paketzusteller hob Ludwig auf den Beifahrersitz. Doch kaum war er selbst eingestiegen, sagte er: »Versteck dich!« und drückte Ludwig unter das Schaltbrett. Ein Auto fuhr vorüber, und als sich Ludwig wieder aufrichten durfte, sagte der Paketzusteller: »Polizei! Ich darf nämlich niemanden mitnehmen, verstehst du?« Ludwig war stolz, dem Paketzusteller geholfen zu haben. Der Streifenwagen war noch zu sehen. Er fuhr sehr langsam. »Vielleicht hat jemand ein Fahrrad gestohlen«, sagte der Paketzusteller, »und nun suchen sie's.«
Die Fahrt bis zur Ecke war für Ludwig aufregend, weil sie in einem Postauto stattfand. Dann kehrte er nicht um, wie ihn der Paketzusteller geheißen hatte, sondern ging in Fahrtrichtung weiter, bis er neben einem Bäckereischaufenster ein Fahrrad stehen sah. War es

vielleicht das gestohlene? Hatte die Polizei es nur nicht gesehen? Er setzte sich auf die Ladentreppe, um der Polizei das Rad zeigen zu können, wenn sie noch einmal vorbeikäme. Aber statt der Polizei kam eine Frau, stieg auf das Rad und fuhr davon.

Einige Torbögen weiter entdeckte Ludwig auf einem Hinterhof Jungen, die Fußball spielten.

»Aus'm Weg!« rief einer der Spieler, der gerade einen Elfmeter verwandeln wollte. Doch der Torwart winkte ab und fragte Ludwig: »Du willst wohl auch mal schießen?« Ludwig wußte nicht, wie ihm geschah: Eben war er gefragt worden, ob er Postauto fahren wollte, und nun sollte er noch schießen dürfen?

»Laß ihn nur mal, den Kleinen!« sagte der Torwart.

Ludwig lief an, doch da ihm die Wäsche die Sicht nahm, stolperte er über den Ball und stürzte mit einem gellenden Schrei aufs Pflaster. Bis ins sechste Stockwerk wurden Fenster geöffnet, und eine besorgte Mutter rief: »Bist du's, Franz-Kilian?«

Vom Torwart am Ellenbogen mit dem Taschentuch verbunden, verließ Ludwig laut weinend den Hof. Nicht nur am Ellenbogen spürte er einen brennenden Schmerz, sondern auch an der Nasenspitze und an Händen und Knien. Die Wäsche hatte er jedoch nicht fallen lassen.

Als er auf die Straße trat, sah er wieder die Rücklichter des Streifenwagens, und obwohl Ludwig vor Schmerzen kaum gehen konnte, versuchte er, ihn einzuholen. Doch es gelang ihm nicht, und er dachte traurig an das Fahrrad, das die Polizei nun nie mehr finden würde.

Rot hilft Grün

Der Polizeihauptmann erkundigte sich bei Ludwigs Mutter, die in einer Fabrik arbeitete, ob Ludwig nicht zu seiner Großmutter gegangen sein könnte. Doch seine Großmutter wohnte nicht in der Stadt, wie überhaupt keiner seiner Verwandten in der Stadt wohnte, nicht einmal sein Vater. Die Eltern lebten nicht mehr zusammen, weil sie keine richtigen Freunde geworden waren, wie es Mann und Frau sein müssen. – Als der Polizeihauptmann das erfuhr, bat er den Schichtmeister, Ludwigs Mutter nach Haus gehen zu lassen, damit die Wohnung besetzt sei, falls Ludwig jemandem seine Adresse sagen sollte. Der Meister hatte aber selbst schon daran gedacht, die Mutter nach Haus zu schicken, denn sie ängstigte sich so sehr um Ludwig, daß sie ihre Gedanken nicht mehr bei der Arbeit hatte und an der Maschine verunglücken konnte. Danach befahl der Polizei-

hauptmann, die Brücken zu überwachen, über die Ludwig gehen müßte, wenn er allein bis an den Fluß kam. Der Polizeihauptmann hielt das jedoch für unwahrscheinlich, denn bis zum Fluß war es sehr weit.
Gegen Mittag bekam er eine Nachricht, die ihn auf etwas anderes aufmerksam machte. In der Nähe des Kinderheims hatten Kanalarbeiter Gullydeckel abgehoben. – War Ludwig in ein Gully gefallen? Der Polizeihauptmann rief sofort den Feuerwehrhauptmann an und bat ihn, Feuerwehrleute in die Kanäle zu schicken, Kurz darauf kam der Funkspruch: kanaldurchsuchung begonnen stopp kennwort rot hilft grün – – –

Ludwig träumt

Ludwig gelangte gegen Mittag in den Stadtpark, wo auf einer Wiese eine Jahrmarktbude stand, die mit einer gestreiften Plane zugehängt war. Sie stand da wie ein verlassenes Zebra und tat ihm leid. Er ging sie besuchen.
Sie war leer. Er kroch hinein, und nachdem sich seine Augen an das Halbdunkel gewöhnt hatten, erblickte er auf der Erde eine zertretene Papiertulpe, die zwischen Splittern weißer Röhrchen lag. Er hatte einmal zugeschaut, wie

große Jungen Papiertulpen geschossen hatten... War das Zebra eine Schießbude? Die Rückwand bestand aus Blech, das mit winzigen kugelrunden Einbuchtungen übersät war. Er bekam Angst: Was, wenn aus Versehen ein Gewehr losgehen würde? – Aber es war kein Gewehr da.

Er versteckte sich unter dem Schießtisch, und da unter ihm ein Lattenrost lag, setzte er sich hin. Sollten die großen Jungen kommen und schießen, bitte sehr, hier konnte ihm nichts geschehen! Nur müßte man dann erst Tulpen auf die Leisten stecken... Und dazwischen müßte man einen Gummiball hängen, denn die Jungen damals hatten auch einen Gummiball geschossen... Aber steckten da nicht Tulpen auf den Leisten? Hing da nicht ein Gummiball?... Ludwig stand vor der Schießbude, und in ihr stand Frau Schäfer, reichte ihm ein Gewehr und sagte: »Ludwig ist immer der Letzte!«... Aber ich kann doch gar nicht schießen, ich bin doch noch zu klein, dachte er... Doch er schoß und traf. Zuerst traf er den Gummiball, dann die Tulpen, die in Reihen auf die Erde fielen... Frau Schäfer würde ihn bestimmt schon suchen, denn aus der Schießbude war sie verschwunden. Gleich würde sie kommen, und er wollte den Strauß doch seiner Mutter bringen... Wenn er nur hätte schneller gehen können, aber der Strauß glitt ihm immer wieder aus den Armen ... Er wurde schwerer und schwerer, gleich würde er ihn fallen lassen müssen ...

Aus dieser Not erwachte er. In den Armen hielt er keine Tulpen, sondern seine Hemdchen, Höschen und Schürzen, die er auch im Schlaf an sich gedrückt hatte. In seinen Armen und Beinen begann es zu kribbeln und zu krabbeln, als liefen tausend Ameisen hin und her, und schmerzhaft spürte er jede Latte, auf der er saß. Auch der Nacken tat weh, denn er hatte die ganze Zeit den nach vorn gesunkenen Kopf gehalten.

Ludwig brauchte eine Weile, bis ihm bewußt wurde, wo er sich befand, und er sich erinnerte, wie er hergekommen war.

Beim Aufstehen platzten die vielen kleinen Schürfwunden auf, die er als Elfmeterschütze davongetragen hatte und die während des Schlafes ein wenig verschorft waren. Für einen Moment war ihm auch schwindlig. Sein Magen knurrte wie ein junger Bernhardinerhund.

Aber Ludwig hielt sich tapfer und machte sich von neuem auf den Weg, den er nicht kannte.

Der Polizeihauptmann fuhr zum Stadtoberschornsteinfegermeister und sagte zu ihm: »Ludwig ist verschwunden. Die Polizei kann ihn nicht finden. Die Feuerwehr kann ihn nicht finden. Können Sie uns nicht helfen?«
»Wie soll man auf dem Dach wissen, daß es Ludwig ist?« fragte der Stadtoberschornsteinfegermeister.
»Ludwig leuchtet hellblau und ein bißchen gelb.«
»Ach so, dann geht's.«
Der Stadtoberschornsteinfegermeister führte den Polizeihauptmann vor einen großen Stadtplan, der in der Stadtoberschornsteinfegermeisterei an der Wand hing. An dem Plan waren mit Stecknadeln viele kleine schwarze Zylinder, Kappen und Leitern befestigt. »Wo ein Zylinder steckt«, sagte der Stadtoberschornsteinfegermeister, »tut zur Zeit ein Schornsteinfegermeister Dienst, wo eine Kappe steckt, ein Schornsteinfegergeselle, und wo eine Leiter steckt, ein Schornsteinfegerlehrling, weshalb, wie Sie sehen, die Leitern meist neben einem Zylinder stecken.«
»Das ist ja wunderbar«, sagte der Polizeihauptmann, »dann können wir sofort alle Meister, Gesellen und Lehrlinge benachrichtigen, damit

sie nach Ludwig ausschauen. Vor allem in den Hinterhöfen.«

»Benachrichtigen? Wie denn? Auf den Dächern gibt's doch kein Telefon!«

»Wir fahren Sie mit dem Streifenwagen von einem zum andern.«

»Wo denken Sie hin! Ich habe heute vormittag Schornsteinfegergesellen geprüft und bin noch nicht gebadet. Ich würde Sie ganz schwarz machen. Ich könnte höchstens auf meinem Motorrad fahren.«

»Schnell?«

Der Stadtoberschornsteinfegermeister überlegte, ob er zugeben sollte, daß er schnell fahren konnte, weil man doch nicht schneller fahren darf, als die Polizei erlaubt. Aber der Polizeihauptmann sagte: »Wenn wir Sie begleiten, dürfen Sie so schnell fahren, wie Sie können. Es ist doch wegen Ludwig.«

»Dann kann ich sehr schnell fahren«, sagte der Stadtoberschornsteinfegermeister, »hundert Sachen mindestens.«

Sie machten einen Plan, wie sie alle Schornsteinfeger am schnellsten würden erreichen können, und fuhren los: Voran ein Streifenwagen mit Sirene und Blaulicht, dahinter der Stadtoberschornsteinfegermeister auf dem Motorrad, und hinter ihm ein zweiter Streifenwagen ohne Sirene und Blaulicht.

Überall, wo sie auftauchten, mußten sämtliche Fahrzeuge anhalten, und die Fußgänger blieben erschrocken stehen. Der Stadtoberschornsteinfegermeister kam sich vor wie der Präsident. Bald schauten die ersten Schornsteinfeger nach Ludwig aus und meldeten alles Hellblaugelbverdächtige der Polizei. Kennwort: Schwarz sieht alles.

Ludwig lächelt

Ludwig kam zum Fluß und stellte sich neben einen Kahn, der am Ufer festgebunden war und in dem ein Angler saß. Vielleicht würde der Angler ihn fragen, ob er über den Fluß wolle, denn bis zur nächsten Brücke war es weit.
Der Angler blickte auf seine Posen, die auf dem Wasser schwammen, dann zu Ludwig, dann wieder auf die Posen. Nach einer Weile sagte er: »Na?«
Ludwig lächelte.
»Du schaffst wohl Wäsche fort?« fragte der Angler, nachdem eine lange Zeit vergangen war.
Ludwig nickte.
»Und hingefallen bist du auch?«
Ludwig nickte.
»Na ja.« Der Angler griff nach den Ruten, prüfte,

ob der Haken noch Wurm hatte, und warf die Angeln in Richtung Flußmitte.
Wieder verging eine lange Zeit, und immer, wenn der Angler sich nach ihm umdrehte, lächelte Ludwig. Auf einmal holte der Angler die Angeln ein, legte die Ruten der Länge nach in den Kahn und sagte: »Die beißen nicht.«
»Ich habe auch keine Angst«, sagte Ludwig und meinte, er habe keine Angst, von den Fischen gebissen zu werden, die der Angler im Kahn hätte. Der Angler hatte aber keinen einzigen Fisch im Kahn und meinte, Ludwig hätte keine Angst, mit ihm über den Fluß zu fahren.
»Daß du mir aber keine Dummheiten machst!« ermahnte der Angler Ludwig und hieß ihn sich auf die Bodenplanken setzen, damit er ja nicht hinauskippen könnte. Dann band der Angler den Kahn los.
Vorsichtshalber sah sich Ludwig doch nach den Fischen um und entdeckte unter dem Brett, auf dem der Angler saß, eine Bratwurstschnitte. Sie lag auf Butterbrotpapier und duftete, daß sich Ludwigs Magen zusammenkrampfte. Ludwig hatte für nichts anderes mehr einen Blick, seine Augen waren auf das Brot gerichtet.
»Du ißt am liebsten Bratwurstschnitten«, sagte der Angler plötzlich, und Ludwig fuhr zusammen, als habe man ihn beim Stehlen ertappt. Woher wußte der Angler, daß er am liebsten

Bratwurstschnitten aß? Für eine Bratwurstschnitte hätte er jetzt sogar die bunte Glaskugel eingetauscht, die er in der Hosentasche hatte. Der Angler zwinkerte. »Nimm sie dir nur.« Zum ersten Mal legte Ludwig die Wäsche aus den Armen. Er aß die beste Bratwurstschnitte seines Lebens.
Als er am anderen Ufer ausgestiegen war, sah er auf einem Dach einen Schornsteinfeger, der ihm zuwinkte, und da Ludwig keine Hand frei hatte zurückzuwinken, lächelte er.

10000 Spielanzüge

Die Schornsteinfeger meldeten so viele hellblaugelbe Punkte, daß die Polizei nicht wußte, wohin sie zuerst fahren sollte. Der Polizeihauptmann telefonierte deshalb mit dem Direktor des Warenhauses ›Alles für das Kind‹ und fragte, ob sie in letzter Zeit viele hellblaue Trägerhosen und gelbe Trikots verkauft hätten. »Sie meinen wohl die hellblauen mit Brustlatz?« fragte der Direktor zurück. »Die sind schön, nicht wahr?... Und nun wollten Sie dem Söhnchen eine Freude bereiten, verstehe, verstehe... Aber kann's nicht etwas anderes sein? Vielleicht ein Schaukelpferd? Wir haben eine reiche Auswahl an Schaukelpferden...

Die hellblaugelben Spielanzüge sind leider ausverkauft, bedauere... Dabei hatten wir zehntausend Stück am Lager!«
Dem Polizeihauptmann sank der Mut, als er diese Zahl hörte. Zehntausend Kinder hatten denselben Spielanzug wie Ludwig! Auch wenn nicht alle ihn heute trugen, waren es sehr viele, aus denen Ludwig herausgefunden werden mußte... Der Polizeihauptmann ließ durch den Stadtfunk bekanntgeben, alle Einwohner sollten mithelfen, Ludwig zu finden. Er wurde genau beschrieben.
Doch die Leute, die gerade Äpfel kauften oder Auslagen betrachteten, hörten nur halb hin. Sie merkten sich »hellblaue Trägerhose und gelbes Trikot«, und innerhalb kurzer Zeit wurden einhundertachtzehn kleine schreiende, beißende, strampelnde Jungen und ein still vor sich hinweinendes Mädchen bei der Polizei abgegeben, die hellblaue Trägerhosen und gelbe Trikots trugen (daß das Mädchen ein Mädchen war, bemerkte man erst auf der Wache, als es einmal mußte). Die meisten Kinder konnten ihren Eltern zurückgebracht werden, einige aber, die nicht wußten, wo sie wohnten, wurden zum Polizeipräsidium gefahren, wo man den Versammlungsraum als Spielsaal einrichtete. Nun wurde durch den Stadtfunk bekanntgegeben: Eltern, die ihre

Kinder suchten, sollten zum Polizeipräsidium kommen. Den Kindern gehe es gut. – Und das war wahr, denn ein richtiger Polizist spielte mit ihnen Räuber und Gendarm.
Für Ludwigs Mutter, die vor Verzweiflung alle halben Stunden anrief, hatte der Polizeihauptmann noch immer nicht die ersehnte Nachricht. Da klingelte bei ihm das Telefon von neuem.
»Hallo, hallo, Schwarz sieht alles, hier Schornsteinfegermeister Fritzmayer... Ich habe Ludwig...«
»Was – Sie haben ihn?!«
»Ja, gesehen.«
»Wohl vom Dach aus?«
»Ja. Woher wissen Sie das?«
Der Polizeihauptmann überhörte die Schornsteinfegerfrage und erkundigte sich, wo sich Ludwig denn befunden habe, und als die Antwort lautete: bei einem Angler im Kahn, sagte der Polizeihauptmann: »Nett von Ihnen, Herr Fritzmayer, aber Ludwig ist das nicht. Ludwig hat niemanden, der mit ihm angeln fährt.«

Ludwig weiß, was er will

Als sei er seit dem Morgen schnurgerade auf ihn zugegangen, stand Ludwig am Abend vor einem Sandplatz, den er kannte. Das war sein

Sandplatz! Und die Straße war ihre Straße! Und das Haus an der Ecke war ihr Haus! Die letzten Meter rannte er.

Vor dem Haus hielten ein Streifenwagen, ein Feuerwehrauto, ein gewöhnliches Personenauto und ein Motorrad, aber Ludwig nahm sich nicht die Zeit, sich auch nur zu wundern. »Ludwig! Mein Junge!« rief seine Mutter, umarmte ihn und begann zu weinen. Doch sie war nicht allein. Aus dem Wohnzimmer trat Frau Schäfer, ihr folgte ein Polizist, dem Polizisten ein Feuerwehrmann, dem Feuerwehrmann ein Schornsteinfeger und dem Schornsteinfeger irgendein Mann, der, was Ludwig nicht wissen konnte, von der Zeitung war und sich für den Bericht, den er über Ludwigs Rettung schreiben wollte, schon viele Überschriften ausgedacht hatte, zum Beispiel: *Ludwig aus Kanal gepumpt!* – Sie waren gekommen, um sich mit Ludwigs Mutter zu beraten, um sie zu trösten oder um das Neueste zu erfahren.

Die Tränen und die vielen Gesichter verwirrten Ludwig, und daß auch Frau Schäfer dawar, ließ in ihm die Ahnung aufsteigen, all diese Leute wären vielleicht seinetwegen gekommen. Verlegen blickte er von einem zum anderen. Dann aber hielt er seiner Mutter die Wäsche hin, die er den ganzen Tag in den

Armen getragen hatte, und sagte: »Ich brauche eine neue Tüte.«

Was ist aus Sneewittchens Stiefmutter geworden

Sneewittchens Stiefmutter wäre auch dann nicht in die rotglühenden Schuhe getreten, wenn sie tatsächlich bereitgestanden hätten. Sie war doch eine Königin, und eine Königin hat Leibwächter, die sie rechtzeitig warnen, wenn sie eiserne Pantoffeln über Kohlenfeuer entdecken. Doch es hatten gar keine rotglühenden Schuhe bereitgestanden. Sneewittchen hätte es niemals erlaubt, daß man einen Menschen in rotglühende Schuhe treten läßt, und der Königssohn hatte Sneewittchen viel zu lieb, als daß er etwas befohlen hätte, was nicht im Sinn der jungen Königin gewesen wäre. Vielmehr hatte er sich geschworen, ihr nicht von der Seite zu weichen, um sie fortan vor der List der Stiefmutter bewahren zu können, und dieser Schwur war ihm leichtgefallen, denn Sneewittchen war so schön, daß er jede Minute für vertan hielt, die er schlief, weil er da die Augen schließen mußte. Nur im Märchen tanzt sich die Stiefmutter in rotglühenden Schuhen zu Tode, weil im Märchen das Gute immer belohnt und das Böse immer bestraft wird. In Wirklichkeit aber war das so:

Als die Königin erkannte, daß Sneewittchens Schönheit nicht aus der Welt zu schaffen war, richtete sich ihr ganzer Zorn gegen den Spiegel. Sie fragte noch einmal:

»Spieglein, Spieglein an der Wand,
wer ist die Schönste im ganzen Land?«

Der Spiegel antwortete:

»Frau Königin, Ihr seid die Schönste hier,
aber die junge Königin ist
tausendmal schöner als Ihr.«

Da zog die Königin ihr schweres goldenes Armband von der Hand und warf es gegen den Spiegel, so daß er in Scherben fiel. Dann ließ sie die Minister rufen, denn der König war aus Kummer über das Verschwinden Sneewittchens gestorben, und nun regierte sie das Königreich, und als die Minister versammelt waren, sprach sie zu ihnen: »Ich will, daß niemand mehr einen Spiegel hat!« Die Minister verneigten sich. »Eure Schönheit ist allmächtig«, antworteten sie im Chor, verließen rücklings den Saal und berieten drei Tage und drei Nächte ein Gesetz, in dem verfügt wurde, daß jeder, der im Besitz eines Spiegels angetroffen wird, sein Leben verwirkt hat. Bald darauf konnte der Minister für Schminke, Schmuck und schöne Kleider, der von allen der höchste war, der Königin berich-

ten, daß niemand mehr im ganzen Land einen Spiegel besaß.
Die Königin färbte sich das Gesicht und verkleidete sich in eine alte Krämerin, um nachzusehen, ob tatsächlich niemand mehr einen Spiegel hatte. Auf der Wiese am Fluß traf sie ein Mädchen, das Gänse hütete. Zu ihm sprach sie: »Wenn du weißt, wer die Schönste ist im ganzen Land, schenke ich dir ein seidenes Haarband.« Das Mädchen hätte gern ein seidenes Haarband gehabt, und da man sich überall das Märchen vom Sneewittchen erzählte, antwortete es: »Die Königin ist die Schönste im ganzen Land, aber Sneewittchen, die junge Königin, ist tausendmal schöner als sie.« Die Königin erschrak bis ins Herz, doch ließ sie es sich nicht anmerken. Sie flocht dem Mädchen das Band ins Haar und sagte: »Nun blicke in dein Spieglein.« Da kniete das Mädchen am Ufer nieder und beugte sich über den Fluß.
Als das die Königin sah, kehrte sie ins Schloß zurück und nahm ihre wahre Gestalt an. Dann ließ sie die Minister rufen, und als sie versammelt waren, sprach sie zu ihnen: »Ich will, daß auch der Fluß keinen Spiegel mehr hat!« Die Minister verneigten sich. »Eure Schönheit ist allmächtig«, antworteten sie im Chor, verließen rücklings den Saal und berieten sechs Tage und sechs Nächte, wie dem Fluß der Spiegel genom-

men werden konnte. Sie ordneten an, die Quellen zu trüben. Um der Königin aber zu beweisen, daß sie alles taten, um den Ruhm ihrer Schönheit zu verbreiten, befahlen sie überdies, jedes Haus und jede Hütte mit einem Band von einer Elle Breite und sieben Ellen Länge zu schmükken, auf dem zu lesen war: »Unsere Königin ist die Schönste im ganzen Land.« Bald darauf konnte der Minister für Schminke, Schmuck und schöne Kleider Ihrer Majestät berichten, daß auch der Fluß keinen Spiegel mehr hatte und daß das ganze Volk sie als die Schönste pries.

Die Königin färbte sich das Gesicht und verkleidete sich wieder in eine alte Krämerin, um nachzusehen, ob der Fluß tatsächlich keinen Spiegel mehr besaß. Doch als sie aus dem Schloß trat, blitzte der Fluß auf, daß es sie blendete. Der Frost hatte ihm über Nacht einen neuen Spiegel gegeben, der aus blankem Eis war. – Ich will sehen, ob es ein wunderbarer Spiegel ist, dachte die Königin. Am Ufer hockte ein Junge, der seine eingefrorene Angel zu lösen versuchte. Zu ihm sprach sie: »Wenn du weißt, wer die Schönste ist im ganzen Land, schenke ich dir einen wollenen Schal.« Der Junge hätte gern einen wollenen Schal gehabt und antwortete: »Die Königin ist die Schönste im ganzen Land, aber Sneewittchen, die junge Königin, ist tau-

sendmal schöner als sie.« Der Königin ging ein Stich durchs Herz, doch ließ sie es sich nicht anmerken. Sie schenkte dem Jungen den Schal und fragte: »Wer hat denn das gesagt?« Der Junge antwortete: »Der Spiegel«, und er meinte den Spiegel der Königin, denn er kannte das Märchen vom Sneewittchen. Die Königin aber dachte, er meinte den Spiegel des Flusses.
Ergrimmt kehrte sie ins Schloß zurück, nahm ihre wahre Gestalt an und ließ die Minister rufen, und als sie versammelt waren, sprach sie zu ihnen: »Seht ihr nicht, daß der Fluß wieder einen Spiegel hat? Aus den Augen mit ihm, oder ihr seid nicht mehr meine Minister!« Die Minister waren bestürzt. »Eure Schönheit ist allmächtig«, antworteten sie im Chor, verließen rücklings den Saal und berieten neun Tage und neun Nächte, wie der neue Spiegel des Flusses aus den königlichen Augen geschafft werden konnte, denn Minister wollten sie bleiben. Sie verboten jedermann zu ruhen, bis ein schwarzes Leinentuch so breit und so lang wie der Fluß gewebt war, mit dem der Spiegel zugedeckt werden sollte. Um der Königin aber zu beweisen, daß sie sich auf die Wachsamkeit ihrer Minister verlassen konnte, taten sie ein übriges. Sie stellten einen Maler vor Gericht, der auf dem Spruchband »Unsere Königin ist die Schönste im ganzen Land« das Wort »Schönste« mit kleinem

Anfangsbuchstaben geschrieben hatte. Der Fehler war entstanden, weil der Maler nicht sicher war in Rechtschreibung, denn er hatte schon in der Schule lieber Bilder gemalt als Aufsätze geschrieben. Die Richter wollten ihm aber nicht glauben, sondern sagten, er wäre ein Feind der Königin, und als er auch auf der Folter nicht gestand, übergaben sie ihn dem Henker. An dem Morgen, an dem das schwarze Tuch für den Spiegel des Flusses fertiggewebt war, wurde der Maler vor versammeltem Volk enthauptet, und aus seiner Todeswunde schoß dreimal ein Blutstrahl in den Schnee. Danach ging der Minister für Schminke, Schmuck und schöne Kleider zur Königin und berichtete ihr, daß nirgends mehr ein Stück Spiegel zu sehen war und daß zur Abschreckung aller das Schwert gesprochen hatte.

Die Königin färbte sich das Gesicht und verkleidete sich abermals in eine alte Krämerin, um nachzusehen, ob nun wirklich niemand mehr einen Spiegel besaß. Doch diesmal brauchte sie keine der Waren zu verschenken, die sie zum Schein bei sich trug, denn auf ihre Frage, wer die Schönste sei im ganzen Land, sagte jeder: »Die Königin«, und dann gingen alle rasch ihres Weges, ohne sich umzublicken. Da konnte sich die Königin nicht satthören, und beim Anblick des großen schwarzen Spiegeltuchs und des Blutes im Schnee der Richtstätte triumphierte ihr neidisches Herz. Und weil das Rote im weißen Schnee aber so schön aussah, beschloß sie, ihrem Reich den Namen »Königreich der Schönheit« zu geben.

Sie kehrte ins Schloß zurück, nahm ihre wahre Gestalt an und ließ die Minister rufen, und als sie versammelt waren, tat sie ihnen ihren Willen kund. Da rüsteten sie zu einem prunkvollen Namensfest, und der Minister für Schminke, Schmuck und schöne Kleider erhielt den Orden »Weiß wie Schnee, rot wie Blut und schwarz wie Ebenholz«. Ihr Kundschafter aber, der an Sneewittchens Tafel gespeist hatte, meldete der Königin, daß er dort nichts gesehen hatte, was ihr an Schönheit ebenbürtig war, und er log nicht, denn die Minister hatten ihm das Augenlicht abgekauft, und er war als Blinder ausgezogen. Doch die Königin glaubte nun selbst, daß sie die Schönste wäre unter den Sternen, und sie befahl, das Fest sieben Wochen dauern zu lassen.

Aber im Land feierte man nicht. Wie hätten sich die Menschen im Königreich der Schönheit ohne Spiegel schön machen sollen? Auch waren sie ärmer als je zuvor, denn sie hatten Tag und Nacht die Quellen trüben und das Leinen weben müssen. Und sie hatten Angst, denn wenn schon ein Fehler den Kopf kosten konnte, wie dann erst ein unbedachtes Wort! Und durften sie einander trauen? Mißtrauen aber ist das Bedrückendste. Es verursacht Herzenskälte, und wo sie herrscht, dort wird es nie Frühling. Da sagte eines Tages der Schneidergeselle Hans zu seinem Meister: »Marie ist schöner als die Königin.« Obwohl Marie des Meisters Tochter und Hans kein Lehrjunge mehr war, versetzte ihm der Meister vor Angst und Schrecken einen Schlag mit der Elle. Doch konnte er es sich nicht versagen, seiner Frau zu erzählen, was er soeben aus dem Mund des Gesellen gehört hatte. Sie aber erzählte es der Nachbarin, denn Vaterstolz und Mutterstolz lösen die Zunge gleichermaßen, und bald wußte jedermann im ganzen Land: Marie ist schöner als die Königin. Da wurde es Frühling, denn die Menschen hatten einander ein Geheimnis anvertraut, und das schwarze Tuch, das den Spiegel des Flusses verdeckt hatte, sank auf den Grund, wo man es noch heute liegen sehen kann. Zuerst erschraken die Menschen, und es war ihnen leid um das Leinen, aber dann glaubten sie, im Verschwinden des Tuchs ein Zeichen des Himmels erblicken zu können, und sie faßten Mut und machten sich auf den Weg zum Schloß, um der Königin zu sagen, daß sie alle lieber ihre Häuser und Hütten verlassen und in ein anderes Königreich ziehen wollten, als Spiegeltuch für den Fluß zu

weben oder die Quellen zu trüben oder ohne Spiegel zu leben. Und der Schneidergeselle Hans sollte ihr Wortführer sein.
Die Minister hatten aber schon erfahren, was sich im Lande tat, und die Königin erfuhr es von den Ministern. Als der Minister für Schminke, Schmuck und schöne Kleider jedoch sagte, der Schneidergeselle Hans hätte behauptet, Marie sei schöner als Ihre Majestät, sprang sie vom Thron auf, fragte: »Marie? Wer ist Marie?!« und fiel tot zur Erde, denn ihr Herz hatte einen Riß bekommen. Nun packte die Minister das Entsetzen, und als sie den Zug der vielen Menschen sahen, der sich wie eine riesige schwarze Schlange auf das Schloß zubewegte, flohen sie halsüberkopf

flußab und über das Meer
auf die Insel Nimmerwiederkehr.

Da ernannte das Volk den Schneidergesellen Hans zum König, und Marie wurde Königin. Und weil die Wahrheit das Zepter führte und die Schönheit ihr zur Seite saß, wurde das Volk eines der glücklichsten.
Im Märchen jedenfalls müßte es so sein. Oder so ähnlich.
Was aber ist wirklich aus dem Schneidergesellen geworden, als er gesagt hatte, Marie sei schöner als die Königin?

Hier ist das Buch zu Ende,
und wem das Buch gefallen hat,
der klatsche in die Hände!

(Und wem es sehr gefallen hat,
der blättre dieses letzte Blatt
um!)

Zugabe

Eine Großmutter sang ihrer kleinen Enkelin das Abendlied. Der Ton Dis aber stahl sich davon. Auf einen Ton mehr oder weniger kommt's nicht an, dachte er und ging bummeln. Halb Seelenhauch, halb Kehlenhauch schwebte er durch die Luft, über sich die Sterne, unter sich die Lieder der Grillen, Katzen und Frösche. Er suchte sich das Lied einer Grille aus und ließ sich in ihm nieder. Doch die Grille verwechselte ihre Beine, als sie den Menschenton hörte in ihrem Gesang, und schwieg. Da suchte er sich das Lied einer Katze aus und ließ sich in ihm nieder. Doch der Katze schlang sich ein Knoten in den Schwanz, als sie den Menschenton hörte in ihrem Gesang, und sie schwieg. Da suchte er sich das Lied eines Frosches aus und ließ sich in ihm nieder. Doch der Frosch tauchte weg, als er den Menschenton hörte in seinem Gesang, und beinahe wäre der Ton Dis ertrunken. Er wunderte sich über die Grille, die Katze und den Frosch.

Halb Seelenhauch, halb Kehlenhauch schwebte er in einen Saal, in dem ein Kapellmeister mit seinen Musikern probte, und gesellte sich zu einer lieblichen Flötenmelodie. Doch der Kapellmeister klopfte mit dem Taktstock aufs Pult und sagte: »Was ist das für ein Dis, es kommt von den Flöten und klingt nicht wie ein Flötenton!« Der Ton Dis hörte den Tadel und gesellte sich zu einer zärtlichen Oboenmelodie. Doch der Kapellmeister klopfte mit dem Taktstock aufs Pult und sagte: »Was ist das für ein Dis, es kommt von den Oboen und klingt nicht wie ein Oboenton!« Der Ton Dis hörte den Tadel und gesellte sich zu einer lustigen Klarinettenmelodie. »Himmeldonnerwetter«, rief der Kapellmeister, »was ist das für ein Dis, jetzt kommt es von den Klarinetten und klingt nicht wie ein Klarinettenton!« Dabei schlug er so sehr aufs Pult, daß es zu weinen begann und sagte: »Liebes Dis, geh fort, denn ich bekomme deinetwegen Schläge.«

Der Ton Dis wunderte sich, daß das Pult seinetwegen Schläge bekam, und war traurig.

Halb Seelenhauch, halb Kehlenhauch schwebte er in die Oper. Auf der Bühne sang eine Sängerin ein Lied, das so traurig war wie er, und ihn ergriff eine große Sehnsucht, in diesem Lied zu sein. Kaum aber war er in ihm erklungen, begann das Publikum zu lachen, die Sängerin fiel in Ohnmacht, der Vorhang ging nieder, und der Operndirektor kam auf die Bühne gelaufen und raufte sich die Haare. »Ein Dis, das über-

haupt nicht hineingehört! Und wie von einer Großmutter gesungen! Alles ist verdorben!« Der Ton Dis war verzweifelt.
Halb Seelenhauch, halb Kehlenhauch schwebte er durch die Nacht und wußte nicht, wohin. Am Morgen hörte er ein kleines Mädchen ein Lied summen. Auf einmal hielt es inne, horchte in sich hinein und begann von vorn. Doch schien ihm in der Erinnerung ein Ton zu fehlen, denn es unterbrach sich von neuem. Da erkannte der Ton Dis das Abendlied, aus dem er sich davongestohlen hatte, und schwebte in die Erinnerung des Mädchens. Nun konnte es in sich das Abendlied hören, wie die Großmutter es gesungen hatte, und freute sich sehr darüber. Der Ton Dis aber war glücklich, denn er hatte den Platz wiedergefunden, an dem er gebraucht wurde und Freude bereitete.
Er begriff: Auf jeden Ton kommt es an... Und besonders in der Erinnerung eines Kindes.

Zweite und allerletzte Zugabe

Warum sind Löwenzahnblüten gelb?

Warum sind Löwenzahnblüten gelb?
Das weiß jedes Kind.
Weil Löwenzahnblüten
Briefkästen sind.

Wer hat die Briefkästen aufgestellt?
Die grasgrüne Wiese.
Sie steckt in die Briefkästen
all ihre Grüße.

Wem werden die Grüße zugestellt?
Das weiß jedes Kind.
Briefträger sind
Biene und Wind.